Bienvenidas al mundo de las

Detectives del corazón

Club de Tea

Colette

HABILIDADES: ¡especializada en aconsejar sobre cómo vestir para investigar o... para acudir a una primera cita!

LEMA: *¡no hay misterio, si el corazón no late muy fuerte!*

Paulina

HABILIDADES: ¡cuando se necesita un ordenador para investigar, ella entra en acción!

LEMA: *¡dadme un portátil y ya veréis cómo resuelvo el caso! ¡Garantizado!*

Violet

HABILIDADES: ¡siempre tiene la idea adecuada en el momento oportuno... Sobre todo, si antes ha hecho una siesta!

LEMA: *¡cuando un caso parece imposible de resolver... cambia de punto de vista!*

Nicky

HABILIDADES: ¡seguir a un sospechoso a pie, en bicicleta, corriendo, nadando, esquiando... nadie se le escapa!

LEMA: *¡actuemos a la velocidad de la luz!*

Pamela

HABILIDADES: ¡con su verborrea es capaz de obtener información de todo el mundo!

LEMA: *¡los misterios son parecidos a los profiteroles: hay que descubrir su corazón!*

¿Quieres ser una *Detective del corazón*?

HABILIDADES: ....

LEMA: ....

....

Textos de Tea Stilton
Inspirado en una idea original de Elisabetta Dami
Dirección artística: Francesca Leoneschi
Ilustraciones de la cubierta de Valeria Brambilla (diseño) y Flavio Ferron (color)
Diseño gráfico: Giovanna Ferraris / theWorldofDOT
Ilustraciones de las páginas iniciales y finales de Barbara Pellizzari y Valeria Brambilla (diseño), Flavio Ferron (color)
Mapa: Caterina Giorgetti (diseño) y Flavio Ferron (color)
Ilustraciones interiores de Elena Grigoli y Barbara Pellizzari (diseño), Francesco Castelli y Serena Gianoli (color)
Coordinación artística de Tommaso Valsecchi
Gráfica de Michela Battaglin

Título original: *La maschera d'argento*
© de la traducción: Helena Aguilà, 2018

Destino Infantil & Juvenil
infoinfantilyjuvenil@planeta.es
www.planetadelibrosinfantilyjuvenil.com
www.planetadelibros.com
Editado por Editorial Planeta, S. A.

Primera edición: junio de 2018
ISBN: 978-84-08-19095-0
Depósito legal: B. 7.390-2018
Impreso en España – Printed in Spain

El papel utilizado para la impresión de este libro es cien por cien libre de cloro y está calificado como **papel ecológico**.

Tea Stilton

El baile de máscaras

DESTINO

Esperando un nuevo misterio

Era sábado por la mañana y el Club de Tea había decidido disfrutar de un desayuno especial en la Pastelería Daisy: magdalenas y zumo de naranja eran lo ideal para empezar un nuevo día como... ¡Detectives del corazón!

Después de desayunar las chicas se despidieron de Tamara, su amiga pastelera, y luego subieron a la buhardilla del pasaje de las Margaritas, donde tenían la sede de su agencia. Allí esperarían que llamara a la puerta un nuevo «misterio del corazón».

Mientras tanto, las cinco amigas se pusieron a ordenar la habitación, TARAREANDO una canción que había elegido Violet y que se difundía por toda la buhardilla a través de un inmenso y potente ALTAVOZ colocado en el alféizar de la ventana.

—¿Lo habéis oído? —preguntó Colette, dejando por un momento de alinear las NOVELAS de misterio de la pequeña estantería de la agencia—. Creo que ha llegado un correo electrónico... He oído el SONIDO de un mensaje entrante.

Al oírlo, Nicky dejó de *limpiar* el tablón de corcho donde todavía tenían colgados los datos de la última investigación y le echó un vistazo a la pantalla del **portátil** que estaba encima de la mesa:

—No, creo que no tenemos ningún mail nuevo...

—Y antes de salir hemos mirado el *buzón*, ¿no? —preguntó Colette.

—Sí —la tranquilizó Paulina—. *No ha llegado ningún correo electrónico*.

Las chicas del Club de Tea se miraron durante un instante en silencio sin decir palabra. Lo único que podían hacer era... ¡seguir esperando!

—**Qué bien huele**... —comentó Pamela, acercándose a la ventana mientras arreglaba los coji-

nes—. Creo que Tamara ha hecho sus famosas **galletas** de canela.

—Es una de las grandes ventajas de tener la **agencia** en el edificio donde está la mejor pastelería de la ISLA... ¡siempre sabemos cuando hay pasteles recién hechos! —dijo Nicky con una sonrisa.

—¡Quietasquietasquietas! —exclamó Colette—. Me parece que ¡alguien ha llamado a la puerta!

—Te equivocas —contestó Paulina mirando por la mirilla—, no hay nadie. Te habrás confundido con algún otro ruido, Cocó.

—Algo me dice que una de nosotras está impaciente por tener un nuevo caso —rio Pamela.

—Tienes razón —reconoció Colette—. Es tan divertido investigar juntas... Sobre todo, si son misterios que hacen latir con fuerza el CORAZÓN.

—Debemos tener un poco de paciencia —le dijo Violet—. Seguro que muy pronto alguien necesitará a cinco detectives tan buenas como nosotras.

—¡Oh! ¿Lo habéis oído? —exclamó de nuevo Colette—. ¡Hay alguien en la puerta!

Pamela SONRIÓ:

—Cocó, tu imaginación te está jugando otr... Pero antes de que la chica pudiera terminar la frase, un TOC, TOC decidido resonó en la habitación.

—¡Os lo he dicho! ¡Esta vez no son IMAGINACIONES mías! —respondió Colette satisfecha, corriendo a abrir la puerta seguida por todas sus *amigas*.

—Hola, me llamo Katie —dijo con un hilo de voz la chica que tenían delante.

Luego les mostró una de las **TARJETAS** de visita que las chicas del Club de Tea habían dejado en la barra de la pastelería de su amiga Tamara para darse a conocer.

—Sois las **Detectives del corazón**, ¿no?

Las chicas intercambiaron una mirada **cómplice**. Luego Paulina contestó:

—¡Exacto!

Y... ¡TE ESTÁBAMOS ESPERANDO!

Conocerse gracias a un pastel

La chica que había acudido a la agencia de las **Detectives del corazón** era de la edad de las cinco amigas. Tenía el pelo largo y rubio y parecía muy **TÍMIDA**. Colette se dio cuenta al ver que miraba al suelo y hablaba en un tono de voz *bajo*. Al fin y al cabo, ser detective significaba también prestar mucha atención a ese tipo de detalles.

—¿Seguro que tenéis tiempo para mí?

—preguntó la muchacha, dando unos pasos inseguros hacia el interior de la agencia—. Quizá tendría que haber **LLAMADO** antes... Puedo volver otro día...

—Te aseguro que en este preciso momento nada nos gustaría más que ESCUCHAR lo que tengas que decirnos —la tranquilizó Violet con una sonrisa.

—Bien, pues... encantada de conoceros —SONRIÓ Katie, tendiéndole la mano a Violet.

Después de las presentaciones, todas las muchachas se sentaron en el sofá. Las chicas del Club de Tea estaban listas para escuchar a la recién llegada y saber por qué se había dirigido a ellas.

—Vamos, Katie, ¡cuéntanoslo todo! —la alentó Pamela.

Ella respiró hondo y luego dijo:

—Pues... necesito que me ayudéis a encontrar a un superhéroe.

—¿Un superhéroe? ¿Hablas de un cómic? —preguntó Nicky perpleja.

—No exactamente... —rio la chica y se sonrojó cohibida—. Será mejor que os lo cuente todo desde el principio.

—Creo que sí —confirmó Paulina—. ¡Ánimo, te escuchamos!

—Está bien. No sé si lo sabéis, pero hace unos días hubo una fiesta de disfraces en el Club de Vela.

—Sí, lo sabemos —asintió Pamela—. De hecho, estuvimos allí ayudando a nuestra amiga Tamara con el *catering* —luego **OBSERVÓ** con atención las facciones de Katie y añadió—: Pero no me suena haberte visto.

—Bueno, en realidad había mucha gente... a lo mejor no coincidimos —sugirió Paulina—. ¡Además, todo el mundo iba **DISFRAZADO**.

—Yo iba vestida de Caperucita Roja —prosiguió Katie— y estuve hablando toda la velada con un chico disfrazado de **Capitán Titanio**. Un chico encantador...

—¡Oooh! Qué historia tan interesante... —susurró Colette.

—Todo sucedió por casualidad —continuó explicando la chica—. Me acerqué al bufet a coger el último **BROWNIE*** de chocolate blanco y frambuesa y entonces rocé con la mano a un superhéroe misterioso que iba a coger el mismo trozo de PASTEL.

—*¡Por mil motores motorizados!* ¡Os conocisteis gracias a un *brownie*! —exclamó Pamela con una sonrisa de satisfacción.

—Pues... sí —confirmo Katie—. Y enseguida empezamos a hablar. Pero OLVIDAMOS presentarnos. Estuvimos toda la noche llamándonos Caperucita Roja y Capitán Titanio...

* El *brownie* es un pastel de chocolate cortado en cuadrados típico de la cocina estadounidense.

ME ENCANTA ESTA FIESTA...
¡A MÍ TAMBIÉN!

—¡Qué historia tan romántica! —suspiró Colette, abandonando por un momento su papel de detective por su faceta de lectora de novela rosa.

—Sí, pero mi historia no tiene un final feliz —dijo Katie.

—*Todavía* no lo tiene —la corrigió Nicky con una sonrisa cómplice—. Nosotras, el Club de Tea, te ayudaremos a conseguirlo.

Animada por esas palabras, la muchacha les reveló el motivo que la había llevado a llamar a la puerta de la agencia de las Detectives del corazón:

—En un momento dado, me separé del Capitán Titanio porque mis amigas querían que nos hiciéramos una FOTO de grupo. Él dijo que me esperaría, pero cuando volví ya no estaba...

—Seguramente le surgió un **IMPREVISTO** y tuvo que irse sin poder avisarte —sugirió Paulina.

—Sí, eso creo yo también —**asintió** Katie—. Tuve la impresión de que le **gustaba** hablar conmigo, tanto como a mí hablar con él...

—¡Seguro que sí! —dijo Colette—. Y te aseguro que éste es...

¡Un caso perfecto para las Detectives del corazón!

EL PERFIL DE UN SUPERHÉROE

—¡Ya estoy aquí, chicas! —exclamó Pamela, entrando en la agencia con una inmensa bandeja de galletas de canela recién salidas del horno—. ¡La merienda preinvestigación está servida!

Mientras Colette ayudaba a Violet a repartir las tazas de infusión de fruta, Nicky fue a buscar CUADERNOS y bolígrafos para anotar la máxima información que les iba proporcionando Katie.

—Estamos listas —anunció Paulina. Luego, dirigiéndose a Katie, prosiguió—: Ahora cuéntanos otra vez lo que ocurrió en la FIESTA, y esfuérzate por recordarlo todo. Cualquier detalle, por insignificante que te parezca, puede sernos muy útil.

—Así es —asintió Colette—. A lo mejor, el pormenor más ínfimo es el que nos ayudará a descubrir la verdadera identidad de tu Capitán Titanio.

—Muy bien. Empecemos por él —CONCRETÓ Paulina—. No sabes su nombre, pero ¿qué sabes del chico?

—Pues... —meditó Katie, tras PROBAR una galleta—. Sé que le gusta el

CINE, sobre todo las películas de acción, y la música. También sé que lee cómics y que tiene una pequeña cicatriz en la rodilla porque de pequeño, cuando aprendía a montar en bicicleta, se cayó.

—Mmm... —asintió Nicky, apuntándolo todo en su cuaderno—. Si le gustan los cómics es posible que sea cliente de la tienda de cómics de la isla y que el dueño lo conozca...

—Sí —asintió Paulina—. ¡Podría ser una buena pista!

Justo en ese momento, la MIRADA de Katie se detuvo en la pulsera que llevaba puesta:

—¡Y luego está esto!

Katie les contó que mientras hablaba con el chico misterioso se fijó en su pulsera y cuando le dijo que le parecía un accesorio muy original él se la regaló.

—Le dije que la pulsera era muy bonita, y al momento ya la tenía en mi muñeca —les contó Katie CONTENTA—. Lleva grabada una frase de mi canción favorita de Rat Direction... ¡que también es *su* canción preferida!

—Nuestro **Capitán Titanio** es muy amable —comentó Colette, mientras Paulina fotografiaba la pulsera con el móvil.

—Si no hay más datos, diría que podemos **ANALIZAR** los que ya tenemos y pensar lo que vamos a hacer —anunció Violet. Después les guiñó un ojo a sus amigas y añadió con una sonrisa—: Ya es oficial:

¡LAS DETECTIVES DEL CORAZÓN EMPIEZAN A INVESTIGAR!

Detectives del corazón

CLIENTE: Katie

NOMBRE: Katie.

RASGOS PECULIARES: asistió a una fiesta de disfraces vestida de Caperucita Roja.

SE DIRIGE A NOSOTRAS PORQUE: quiere descubrir la identidad y el nombre de un chico que conoció en la fiesta.

LUGAR DEL ENCUENTRO: fiesta de disfraces en el Club de Vela.

¡LAS DETECTIVES DEL CORAZÓN ESTÁN SIEMPRE LISTAS PARA AYUDAR A QUIEN LO NECESITA!

TOP SECRET

CASO ACEPTADO

¡Ayudaremos a Katie a encontrar a su misterioso superhéroe!

Paso a paso

Después de despedirse de Katie, las Detectives del corazón se pusieron a organizar todo lo que tenían que **investigar**.

—Deberíamos hablar con algún invitado que estuvo en la fiesta del **Club de Vela** —sugirió Paulina—. Puede que entre ellos haya algún amigo del Capitán Titanio.

—Tienes razón —asintió Colette—. Pero había muchísimos invitados...

—Y ¿por qué no empezamos con nuestra amiga Tamara? —propuso Nicky—. Ella se encargó de la COMIDA de la fiesta y es probable que viera al misterioso muchacho superhéroe que estamos buscando.

—¡Excelente idea, Nicky! No olvidemos que CAPERUCITA ROJA y el Capitán Titanio se conocieron gracias a uno de los pasteles de Tamara —recordó Pamela guiñándoles un ojo a las demás.

Y las cinco amigas bajaron a la pastelería.

—Chicas, ¿os han gustado las galletas? —preguntó Tamara.

—Mmm, yo diría que no estaban especialmente buenas... —contestó Violet fingiendo estar insegura, para luego añadir—: Estaban... ¡buenísimas!

—¿Podemos molestarte tan sólo un momento con nuestra investigación? —le preguntó Pamela.

—¡Por supuesto! Siempre estoy disponible para mis **detectives** favoritas —respondió Tamara alegre.

—Estamos buscando a un chico que fue a la fiesta de **DISFRACES** del Club de Vela —explicó Nicky—. Solamente sabemos que iba vestido de Capitán Titanio, un superhéroe con una máscara azul con reflejos plateados, y al que le gustó mucho el **BROWNIE** de chocolate blanco y frambuesa que hiciste.

—Me alegro de que le gustara —**sonrió** Tamara. Luego se concentró y dijo—: Como sabéis, en la fiesta había muchísimos chicos y vi a varios DISFRAZADOS de superhéroe... pero me temo que no tengo más información.

—¿O sea que viste a *más* de un superhéroe? —insistió Colette.

—Pues... quizá... —Tamara frunció el ceño—. Lo siento, no lo puedo afirmar con seguridad.

—Está bien, no te preocupes —la tranquilizó Violet—. ¡Muchas gracias por tu ayuda!

—Pero se me ocurre otra forma de ayudaros —dijo Tamara. Cogió el bloc donde anotaba los pedidos, escribió algo y les dio la hoja a las chicas.

—Lilly Lovely —leyó Colette en voz ALTA—. Es la organizadora de la fiesta del Club de Vela. Se encargó de las *invitaciones*, la decoración y la música. Tiene una pequeña tienda en Ratford.

La dirección que les apuntó Tamara no estaba lejos del pasaje de las MARGARITAS, así que las muchachas decidieron ir enseguida.

—¡Es aquí, ya hemos llegado! —exclamó Pamela al ver la tienda.

—«Mil y una fiestas». —Paulina sonrió al LEER el cartel—. Sí, seguro que es esta tienda.

Cuando ENTRARON, salió de la trastienda la organizadora de FIESTAS de la que les había hablado Tamara.

—Buenos días, chicas. Me llamo Lilly, ¿en qué os puedo ayudar? —se presentó creyendo que eran nuevas clientas—. ¿Queréis organizar una fiesta de cumpleaños? ¿Una boda? ¿Un baile de disfraces? Aquí tenemos todo lo que necesitáis y... mucho más.

—Ejem... GRACIAS, pero lo único que queremos es... un poco de información —respondió Colette con una amable sonrisa.

Nicky le explicó a Lilly el motivo que había llevado allí a las cinco *amigas*, y qué información esperaban obtener:

—¿Recuerda si había más de un invitado disfrazado de **Capitán Titanio** en la fiesta del Club de Vela?

—Mmm... sí —contestó Lilly—. Os puedo decir que había varios chicos vestidos de superhéroe, pero no sé cómo se llamaban. Estaba muy ocupada con la *organización* y no tuve tiempo de hablar con los invitados. ¡Lo siento!

—No importa, nos ha ayudado mucho —aseguró Pamela, dirigiéndose hacia la salida con sus amigas—. Disculpe que la hayamos MOLESTADO, y ¡muchas gracias!

Cuando salieron de la tienda, las chicas del Club de Tea se PARARON un momento a reflexionar, para decidir cuál podía ser el próximo paso en la investigación.

—Uf, lo único que hemos DESCUBIERTO es que había varios muchachos disfrazados de superhéroe —se lamentó Violet decepcionada—. En vez de ACLARARSE la investigación, se complica.

—Podemos preguntarle de nuevo a Tamara si se le ocurren más nombres —propuso Colette—. A lo mejor algún socio del Club de Vela...

—Necesitamos a alguien que estuviera en la fiesta y que, en vez de DIVERTIRSE, se hubiera quedado observando atentamente a los otros invitados —bromeó Pamela—. Pero, la verdad, no creo que exista alguien así.

Paulina SONRIÓ a su amiga:

—Sí existe... y acabas de tener...

¡LA IDEA QUE ESTÁBAMOS BUSCANDO!

¿Cuántos superhéroes?

Las palabras pronunciadas por Pamela habían encendido una bombilla en la cabeza de Paulina. En efecto, en la fiesta había alguien que no se había divertido con los amigos, ni gozado de los pastelitos y las minipizzas de Tamara, ni tampoco disfrutado en la pista de baile. Y ese alguien era...

—¡El fotógrafo oficial del Club de Vela! —explicó Paulina—. Seguramente pasó toda la noche recorriendo las salas para CAPTAR los momentos más divertidos.

—Sí, y a los invitados con los disfraces más originales —añadió Colette—. ¡Eres un genio, Pilla! Y así, siguiendo la intuición de su amiga, las Detectives del corazón se dirigieron al **Club de Vela** de Ratford. Durante el trayecto que las conducía hacia el mar siguieron reflexionando, impacientes por resolver el caso...

—Tenemos que averiguar quién se OCULTA dentro del disfraz de Capitán Titanio... para Katie es muy importante —dijo Colette recordando la expresión esperanzada en los ojos de la chica.
—Exactamente —asintió Pamela—. Ha confiado en nosotras para que encontremos a su SUPERHÉROE.
Al llegar al Club de Vela, las chicas del Club de Tea se dirigieron a la recepción.
—Buenos días —las saludó el chico que recibía a los socios y clientes del club—. ¿En qué puedo ayudaros?

Las cinco amigas le dijeron lo que estaban buscando y con gran sorpresa descubrieron que habían llegado al lugar adecuado en el momento adecuado.

—¿Queréis ver las fotos que hizo nuestro FOTÓGRAFO en la fiesta de disfraces? —preguntó el chico, mirando el ordenador que tenía delante. Luego añadió sonriendo—: Pues habéis llegado justo a tiempo: ¡las acaba de colgar en nuestra web oficial!

El muchacho les explicó que después de cada fiesta **publicaban** las fotos tomadas por el fotógrafo del Club de Vela en la página web, para que todos los participantes las vieran y si querían pudieran imprimirlas para tener un recuerdo de la velada.

—Éstas me parece que sois vosotras, ¿me equivoco? —dijo el chico sonriente, señalando la primera imagen que apareció en la pantalla.

¡Pues sí!
¡Sois vosotras!

—¡Oh, sí! ¡Y ésta es Katie! —comentó Pamela, señalando una foto en la que se veía a la chica DISFRAZADA de Caperucita Roja cerca del bufet—. Debieron hacerle la foto poco antes de que conociese al Capitán Titanio.

—Pero él no está en la fotografía —señaló Nicky pensativa.

—En ésta no, pero quizá en otras sí —respondió Paulina esperanzada—. Chicas, tenemos que mirar con calma toda la galería de fotos de la fiesta.

Las cinco amigas se despidieron del amable recepcionista, salieron del Club de Vela y se sentaron en un BANCO a la sombra. Mientras Paulina sacaba la tableta comentó:

—¡Chicas, bienvenidas al despacho provisional de la agencia de Detectives del corazón!

Una vez entraron en la página web del Club de Vela, gracias a la CONTRASEÑA que les había dado el muchacho, las jóvenes investigadoras observaron muy concentradas cada una de las fotos de la noche de la FIESTA.

—Lilly tenía razón: en la fiesta había varios muchachos disfrazados de Capitán Titanio —confirmó Colette al terminar de mirarlas.

—Debe ser porque la película protagonizada por el Capitán Titanio se ha estrenado en el cine hace pocas **semanas** y tiene mucho éxito —dedujo Pamela.

—Sí —asintió Paulina—. Pero ahora al menos sabemos cuántos eran exactamente y podemos acotar la BÚSQUEDA para identificar a *nuestro* Capitán Titanio.

IGUALES PERO DISTINTOS

Paulina se fijó mucho en cada detalle de las FOTOGRAFÍAS que podían verse en la página web del Club de Vela, y al final aseguró sin ninguna duda que en la fiesta había tres chicos DISFRAZADOS de Capitán Titanio.

—El primero es éste —anunció, señalando a un chico en la pantalla de la TABLETA—. Aparece en un par de fotos, pero no se le ve bien la cara...

—Podría ser el **Capitán Titanio** de Katie... —comentó Violet dubitativa.

—¡Eh! —exclamó Nicky—. Me parece que conozco a la *chica* que está hablando con él.

—¿La que va disfrazada de abeja? —preguntó Colette.

—Lleva un **peinado** idéntico al de una chica con la que suelo correr por el paseo marítimo...

—explicó Nicky. Y luego confirmó—: **MIRÁNDOLA** bien, creo que podría ser ella.

—¿Sería posible que le preguntaras si estaba en la fiesta? —le pidió Violet.

—Sí, ahora mismo —contestó Nicky. A continuación, cogió el móvil y buscó entre todos sus **CONTACTOS**. Una vez localizó a la chica, le bastaron poquísimas preguntas para conseguir toda la **información** que necesitaban.

—Efectivamente, la chica vestida de abeja era Shannon —confirmó Nicky—. Pero el que está hablando con ella en la **FOTO** no es el Capitán Titanio que estamos buscando, sino su mejor amigo llamado Peter. Y estuvo **hablando** con ella toda la noche.

—Bueno, es un primer paso —comentó Paulina—. Ya podemos excluir a uno de los tres Capitanes Titanio, el de los zapatos NEGROS.

—Ahora nos quedan dos más —añadió Colette.

Paulina amplió las dos fotos que había seleccionado. En ambas aparecía un chico VESTIDO de Capitán Titanio y los DETALLES que diferenciaban las dos imágenes eran realmente muy *pocos*.

—Uno lleva los zapatos azules y el otro blancos —**OBSERVÓ** Pamela—. Lo malo es que Katie no se *acuerda* del detalle de los zapatos.

—Entonces tendremos que buscar más pistas —dijo Paulina.

—Estos dos muchachos tienen una complexión muy parecida... —suspiró Nicky.

—Vamos a repasar otra vez todas las fotos —propuso Violet—. A lo mejor vemos algún DETALLE que se nos ha pasado antes.

Las chicas se pusieron a mirar de nuevo las fotos de la fiesta. Una vez más, desfilaron por la PANTALLA disfraces originales y pasteles que hacían la boca agua con tan sólo mirarlos, pero las **Detectives del corazón** no veían nada que las ayudase a resolver el misterio... ¡hasta que se **FIJARON** en un detalle muy importante!

—¡Es él! —exclamó Colette muy contenta **SEÑALANDO** una foto en la que aparecía el Capitán Titanio de los zapatos blancos—. Sí, efectivamente, ¡es él!

—¿Cómo lo sabes? —preguntó Paulina.

Entonces Colette sin hablar señaló el espejo que había al lado del chico en la FOTO.

—Mirad el reflejo del brazo —explicó la chica—. Este Capitán Titanio lleva la pulsera que luego le regaló a Katie.

—*¡Por mil motores motorizados!* —exclamó Pamela—. Tienes mucha razón, Cocó. Siempre lo he dicho: ¡tienes un ojo infalible para la ropa y también para los complementos!

TOP SECRET
RETRATO ROBOT

CAPITÁN TITANIO

POR FIN HEMOS ENCONTRADO UNA PISTA PARA COMPLETAR EL RETRATO ROBOT DE NUESTRO SUPERHÉROE MISTERIOSO. CADA VEZ NOS ACERCAMOS MÁS A LA SOLUCIÓN DEL CASO...

En la fiesta llevaba unas zapatillas deportivas blancas y una pulsera con la frase de una canción de Rat Direction grabada.

TIENE UNA PEQUEÑA CICATRIZ EN LA RODILLA...

LE ENCANTAN LOS BROWNIES DE CHOCOLATE.

¡Le gusta el cine, la música y los cómics!

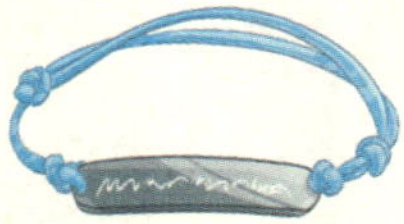

¡En busca del Capitán Titanio!

En el paseo marítimo soplaba una brisa suave, mientras el sol TEMPLADO de primera hora de la tarde iluminaba el mar frente a la Isla de las Ballenas.

—Reflexionemos, reflexionemos... —murmuró Paulina, sin dejar de pasear ni un instante arriba y abajo delante del banco donde estaban sentadas sus amigas.

—La verdad es que sabemos muy poco de nuestro Capitán Titanio —comentó Violet desanimada—. Sólo que en la FIESTA llevaba unas zapatillas deportivas blancas y una pulsera azul.

—Reflexionemos, reflexionemos... —repitió Paulina, como si susurrar esa palabra la ayudase a recordar que a veces un detalle mínimo puede dar una información importante.

—Las ZAPATILLAS DEPORTIVAS blancas son muy comunes —sentenció Nicky—. Las llevan muchísimos chicos.

—Tienes razón —confirmó Pamela—. No es una PISTA demasiado útil...

—Entonces será mejor que nos concentremos en la pulsera —sugirió Nicky—. Seguro que nos ayudará a identificar al chico misterioso.

Colette sacó el cuaderno donde había anotado todos los **datos** que tenían:

—La pulsera lleva grabada una frase de la canción de Rat Direction: *Escucha los latidos*.

—Una vez yo también mandé grabar en una pulsera la frase de un **libro** que me gustaba mucho —comentó Violet—. Lo hacían en esa tienda que...

—**¡Claaaro!** —exclamó Nicky—. ¿¡¿Cómo no hemos caído antes?!?

Colette miró a su amiga perpleja:

—Ejem... ¿a qué te refieres exactamente?

—Si el ***Capitán Titanio*** mandó grabar la frase que tanto le gustaba —explicó la chica—, puede que la persona que hizo el **TRABAJO** se acuerde de él.

—¡Qué buena idea, Nicky! —intervino Paulina, empezando a buscar en la tableta las **TIENDAS** de la Isla de las Ballenas que estaban especializadas en ese tipo de artesanía.

A los pocos instantes, la chica les **MOSTRÓ** a sus amigas los resultados de la búsqueda:

—Hay dos talleres en los que el Capitán Titanio pudo encargar su **pulsera**.

—Empecemos por el que esté más cerca —propuso Colette, estudiando el mapa de la isla en la **TABLETA**.

Las chicas no perdieron el tiempo, y a los pocos minutos llegaron a una pequeña tienda situada en una **CALLEJUELA** de los alrededores del puerto.

Las recibió una señora muy amable, que se mostró encantada de poder ayudarlas.
Después de mirar con *atención* la foto de la pulsera de Katie en el móvil de Paulina, se quitó las gafas y dijo DISGUSTADA:

—Lo siento muchísimo, chicas, pero creo que estáis en el lugar equivocado. Nunca he visto una pulsera como ésa, lo que EXCLUYE que la placa se grabara en esta tienda.
Las cinco amigas detectives se miraron: de momento no estaban en el **sitio correcto**, pero ahora ya sabían a donde dirigirse...
Se despidieron amablemente de la propietaria del primer taller ARTESANAL y recorrieron a paso ligero el itinerario que suge-

ría el navegador de la tableta. Enseguida llegaron a su destino.

—Plaza de la Hiedra —anunció Nicky señalando el rótulo—. ¡Ya hemos llegado!

—Ahora sólo tenemos que entrar y ver si encontramos las respuestas que buscamos —dijo Pamela ABRIENDO la puerta de la tienda. Luego, volviéndose hacia sus amigas que la seguían, añadió—: Tal vez nuestro misterio esté a punto de ser menos... MISTERIOSO.

Detectives del corazón

Agencia de Detectives del corazón

Pastelería Daisy

Tienda «Mil y una fiestas»

LOS LUGARES DEL MISTERIO

¡TODAS LAS ETAPAS DE NUESTRA INVESTIGACIÓN!

Club de Vela

Tienda de joyas en el puerto «Joyas Artesanales»

Tienda «Taller de Sueños»

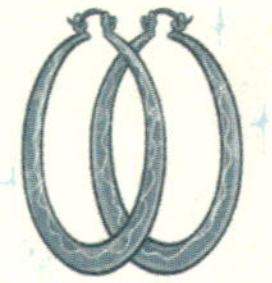

IDENTIDAD DESCUBIERTA

Las chicas del Club de Tea entraron en la tienda situada en la plaza de la HIEDRA. Se llamaba «Taller de Sueños».

Era un nombre PERFECTO para un establecimiento en el que se realizaban objetos y joyas de manera artesanal, y se exponían con muy *buen gusto*.

—¡Estos pendientes son preciosos! —exclamó Colette de repente, con los ojos brillantes contemplando el escaparate.

—Sí, Cocó, pero ahora tenemos que concentrarnos en el motivo que nos ha traído hasta aquí —le RECORDÓ Nicky con una sonrisa irónica.

Justo en ese momento salió del taller situado en la trastienda el propietario, que recibió a las Detectives del corazón con una alegre SONRISA.

Cuando las cinco amigas le explicaron lo que buscaban, el joven, que se llamaba Jason, asintió:

—Por supuesto, estaré encantado de ayudaros. ¿Me dejáis ver la pulsera?

Paulina le tendió el móvil para que viera la foto.

El artesano observó la imagen y luego, con expresión satisfecha, anunció:

—Sí, os puedo confirmar que esta pulsera la hemos hecho y grabado en este taller.

—¡GENIAL!

—exclamó Pamela contenta—. ¡Qué gran noticia!

Jason señaló los escaparates:

—¡Mirad! Allí tenemos pulseras bastante similares, que luego se pueden PERSONALIZAR con frases especiales.

—Nosotras buscamos información sobre el chico que la compró —explicó Violet—. ¿Te acuerdas de él?

El joven artesano negó con la cabeza:

—Lo siento, no lo recuerdo...

Ante sus palabras, las chicas del Club de Tea no pudieron disimular un suspiro de **decepción**, pero el joven las tranquilizó:

—A lo mejor Nicolás se acuerda. Es mi SOCIO y se encarga de grabar los metales.

Les hizo una seña a las chicas para que lo siguieran al taller, donde se encontraba su colega.

¡Os presento a Nicolás!
¡Hola!

—Vamos a ver... —reflexionó Nicolás, estudiando la fotografía TOMADA por Paulina—. Sí, grabé esta pulsera hace un mes... Recuerdo la frase, porque me gustó mucho.

Las chicas no pudieron reprimir una sonrisa llena de esperanza. ¡Quizá estuvieran en el buen camino para descubrir la verdadera identidad del Capitán Titanio!

—¿Y recuerdas el nombre del chico?

—preguntó Nicky.

—Si no me falla la memoria, se llama Ted —contestó el JOYERO.

—*¡Por mil motores motorizados!* ¿Cómo te puedes acordar? —preguntó Pam curiosa—. ¿Eres capaz de recordar el nombre de todos los clientes? Me parece algo imposible...

—En este caso hay un motivo —**explicó** Nicolás riendo—. El mismo chico volvió para encargar otra pulsera con un grabado, y justo la he terminado esta mañana.

—¡Qué fantástica **noticia**! —exclamó Pamela contenta mirando el paquete que señalaba el artesano, del que sobresalía una TARJETA con el nombre «Ted».

—Voy a mirar un momento la lista de encargos —añadió Jason consultando algo en el ordenador. Luego se volvió hacia las chicas con aire satisfecho—: Habéis tenido mucha suerte. Tiene que pasar a recoger la pulsera... ¡esta tarde!

Ésa era la noticia que las Detectives del corazón estaban esperando.

NUESTROS TESTIGOS

TAMARA (PASTELERÍA DAISY):
- NO RECUERDA SI HABÍA MÁS DE UN CAPITÁN TITANIO EN LA FIESTA DE DISFRACES.
- NOS DIO EL NOMBRE DE LA ORGANIZADORA DE LA FIESTA: LILLY LOVELY.

RECEPCIONISTA DEL CLUB DE VELA:
Nos enseñó las fotografías de la fiesta que hizo el fotógrafo oficial del club.

ASÍ FUE COMO DESCUBRIMOS QUE HABÍA 3 CAPITANES TITANIO.

LILLY LOVELY, organizadora de actos y dueña de la tienda «Mil y una fiestas», confirmó con toda seguridad que había más de un invitado disfrazado de superhéroe en la fiesta.

Detectives del corazón

Shannon, una amiga de Nicky, nos dijo que el Capitán Titanio número 1 es su mejor amigo.

¡¡¡CANDIDATO NÚMERO 1 EXCLUIDO!!!

La PROPIETARIA de la tienda <<Joyas Artesanales>> nos dijo que la pulsera no se había hecho en su tienda.

ENTONCES NOS DIRIGIMOS AL «TALLER DE SUEÑOS».

JASON Y NICOLÁS son los propietarios del «TALLER DE SUEÑOS»:

- El Capitán Titanio compró y mandó grabar la pulsera en su tienda.
- El Capitán Titanio se llama Ted.
- Ted encargó otra pulsera y pasará a recogerla esta tarde.

Las cinco amigas se miraron y Colette habló en nombre de todas:

—Gracias, habéis sido muy amables. Ahora tenemos que irnos: debemos...

¡LLEVAR A CABO UNA MISIÓN URGENTÍSIMA!

¡A un paso de... Ted!

El chico **misterioso** que había hecho latir con fuerza el corazón de Katie por fin tenía nombre: Ted. Las chicas del Club de Tea estaban tan contentas por los avances en la **investigación** que salieron corriendo de la **TIENDA**, y una vez fuera todas vieron que estaban a punto de hacer lo mismo... ¡llamar a Katie para darle la **fantástica noticia**!

—Chicas —se echó a reír Nicky—, si la **LLAMAMOS** todas a la vez ninguna de nosotras podrá hablar con ella.

Las Detectives del corazón **DECIDIERON** que llamara Paulina y pusiera el teléfono en **MODO** altavoz. ¡Así podrían participar todas!

—¡Hola, Katie! —la saludaron a coro.

Luego Paulina anunció:

—¡Tenemos buenas noticias!

—Dile que venga, así se lo contamos todo con más calma... —susurró Nicky. Desde el otro lado del móvil, Katie respondió:

—¡**De acuerdo!** Ahora mismo voy para allá. ¡Estoy ansiosa de saber qué habéis descubierto!

Después de colgar, Paulina comentó:

—Mientras **hablábamos** por el móvil con Katie estaba pensando que en realidad no estamos cien por cien seguras de que Ted sea el Capitán Titanio. No quisiera que se llevase una DESILUSIÓN...

—Sí —asintió Colette—. Existe la posibilidad de que Nicolás se haya confundido o no se acuerde bien... Pero mi *sexto sentido* me dice que confiemos en él.

Mientras esperaban a Katie en la plaza, las **Detectives del corazón** miraron a su alrededor buscando algún lugar desde donde poder observar cómo llegaba Ted sin que él las viera.

—¡Ya lo tengo, chicas! —exclamó Pam—. Podemos sentarnos en ese banco, justo detrás de la furgoneta de los helados.

—Ya sabía yo que te fijarías... —rio Colette.

—¡Pam tiene razón! —confirmó Paulina—. Es un punto de observación perfecto.

Al llegar, Katie miró a su entorno desorientada y después vio a las investigadoras saludándola con aire **furtivo**. Se acercó a ellas sorprendida y riendo:

—Pero ¿qué hacéis detrás de la **FURGONETA** de los helados?

—Porque desde aquí se ve *perfectamente* la entrada de esa tienda, el «Taller de Sueños» —le explicó Paulina.

—Y así, no nos arriesgamos a ser vistas —añadió Nicky.

—*Uf, no entiendo nada*... —reconoció Katie confusa.

—Porque todavía no te hemos contado lo que hemos descubierto —sonrió Paulina—. ¡Enseguida lo entenderás!

Las *chicas* empezaron a contarle todo referente a la investigación: cómo paso a paso y pista a

pista habían recorrido la isla siguiendo el rastro del misterioso superhéroe.

—Y al final hemos llegado hasta aquí —terminó de explicar Paulina—. El ARTESANO que grabó la frase en la pulsera se acuerda del chico que la compró.

—¡SE LLAMA TED!

—exclamó Colette, sin poder contenerse.

Al oír sus *palabras*, a Katie se le iluminó el semblante. ¡Por fin sabía el nombre del muchacho con el que tanto se había reído la noche de la FIESTA!

—Ted es un nombre muy bonito... —comentó la muchacha.

—¡Y eso no es todo! —añadió Pamela—. Hemos descubierto alguna cosa más: ¡tiene que pasar por aquí a recoger otra **pulsera**!

¡VIGILEMOS LA TIENDA!
¿SE LLAMA TED?

—¿Cuándo? —preguntó Katie nerviosa.

—Pues... ¡hoy! —sonrió Violet.

—¿¡¿Hoy?!? —repitió Katie sorprendida—. Pero yo... ¡no estoy preparada! ¿Qué le voy a decir? ¿Y si no se acuerda de mí?

—¡Seguro que se acordará de ti! —la tranquilizó Colette—. ¡Te regaló su pulsera! Seguro que empezáis a hablar y será como si la fiesta de DISFRACES no hubiera terminado nunca.

Un encuentro imprevisto

Las chicas del Club de Tea y Katie **aguardaban** a que llegara el misterioso Ted, escondidas detrás de la furgoneta de los helados.

—¿Cuánto rato ha pasado? —preguntó Nicky nerviosa, echándole un **VISTAZO** a la entrada de la tienda.

—Más o menos dos minutos desde la última vez que me lo has preguntado —contestó Pamela mirando el reloj.

—Me parecía mucho más —respondió Nicky.

—Es lo que suele ocurrir cuando esperamos algo con impaciencia —sonrió Colette—. Es como si el tiempo se alargase y cinco minutos parecen una hora.

—Mira a ese CHICO, ¿podría ser tu Capitán Titanio? —preguntó Violet señalando a un desconocido que se DIRIGÍA al «Taller de Sueños».

—No estoy segura —dudó Katie—. Pero es igual de alto que él.

Las chicas del Club de Tea y Katie no le quitaron ojo al DESCONOCIDO que cada vez estaba más cerca, hasta que...

—Creo que va a entrar en la zapatería —resopló Pamela al ver que el muchacho se paraba delante de un escaparate lleno de CALZADO DEPORTIVO y luego entraba en la tienda.

—¿Y si fuera aquél otro? —preguntó Paulina señalando a un chico de pelo castaño que se dirigía con paso muy decidido hacia el taller de Jason y Nicolás.

—¡Es él! —confirmó Katie sin dudarlo mientras las mejillas se le teñían de rojo.

—¿Estás segura? —preguntó Nicky.

—Sí —respondió Katie—. Por un momento he pensado que sería incapaz de reconocerlo, pero me equivocaba. Su manera de moverse y esa media sonrisa... no cabe duda: ¡es mi Capitán Titanio!

Las chicas del Club de Tea estaban contentas: no sólo porque habían **resuelto** el caso, sino también por la expresión que **re-flejaba** la cara de Katie.

—Está entrando en el taller de Jason y Nicolás —**anunció** Colette.

—Katie, si quieres que nos acerquemos, ahora es el momento —sugirió Nicky.

—¿AHORA? —preguntó Katie.

En ese instante, una chica se paró delante de la tienda y empezó a escribir un MENSAJE con el móvil.

—Mmm... —murmuró Pamela—. Esa chica acaba de ocupar el mejor sitio para esperar a nuestro superhéroe.

—No ocurre nada —comentó Nicky—. Esperaremos aquí, y cuando Ted salga nos acercaremos en un momento.

Preparadas para dar el último paso en su investigación, las Detectives del corazón y Katie aguardaron unos minutos, pero cuando Ted por fin apareció en la PUERTA de la tienda ocurrió algo imprevisto.

Al salir del «Taller de Sueños» con su paquetito, Ted vio a la chica y le sonrió. Luego se acercó y le dio la pulsera.

Y eso no fue todo. Tras recibir el regalo, la chica... ¡abrazó a Ted!

Las Detectives del corazón y Katie estaban demasiado lejos para oír lo que decían, pero una frase que la chica exclamó en voz alta antes de

abrazar a Ted resonó en el aire:

—¡Eres un tesoro!

Esas palabras llenas de afecto y confianza sólo podían significar una cosa pensó Katie: ¡que el corazón de Ted ya estaba ocupado

—Oh... —suspiró Colette sorprendida.

—O sea que la nueva pulsera era para esa chica —reflexionó en voz alta Violet.

Con los **ojos** llenos de lágrimas Katie se dirigió a las detectives y dijo con voz temblorosa:

—Gracias por todo lo que habéis hecho por mí, pero ahora ya no tengo ganas de *conocer* a Ted.

OH, KATIE...
¡DISCULPADME!

Taller de Sueños

Dicho eso, la muchacha se fue corriendo sin que las chicas del Club de Tea tuvieran tiempo de añadir nada.

—¡Oh, no! —exclamó Pamela—. Tenemos que ir a buscarla.

—En realidad, creo que Katie necesita estar un rato sola... —comentó Colette.

—Estoy de acuerdo —dijo Paulina—. Lo que ha visto la ha herido. Démosle un poco de tiempo y luego ya hablaremos con ella.

Las Detectives del corazón, al igual que Katie, también necesitaban un poco de tiempo para aceptar que:

¡A VECES, LAS COSAS NO SALEN COMO QUEREMOS!

Una larga historia

Habían bastado unos pocos minutos para que el ambiente cambiase por completo en la PLAZA. Un momento antes las chicas del Club de Tea estaban convencidas de haber ENCONTRADO un final feliz para el caso de Katie, pero tras la escena imprevista que había ocurrido delante de sus ojos se quedaron sin palabras.

¿Qué debían hacer?

¿Seguir a la muchacha? ¿Hablar con Ted para averiguar más cosas sobre aquella chica? ¿Regresar a la agencia y después reflexionar con la mente FRÍA antes de tomar una decisión de cómo proceder?

—Opino que deberíamos volver a la agencia —propuso Violet—. Aquí ya no podemos hacer nada...

Colette miró de nuevo a Ted y a la chica a la que le había hecho el regalo. Los dos seguían delante del escaparate del taller artesanal, bromeando como si se conocieran desde hacía bastante tiempo.

—¿Y si intentamos hablar con Ted? —preguntó Colette—. A lo mejor si le contamos lo ocurrido...

—No creo que a Katie le gustase demasiado —objetó Nicky—. Lo más probable es que no quiera saber nada más del chico que la ha DECEPCIONADO tanto.

—Sí, puede que tengas razón —suspiró Colette—, ¡pero lamento mucho que esta historia finalice de ese modo!

—¡Por mil motores motorizados! —exclamó Pamela—. ¡Este final es un error!

Taller de Sueños
QUÉ LÁSTIMA...
KATIE ESTABA TAN DECEPCIONADA...
¡SÍ!

En ese instante Paulina vio con el rabillo del **ojo** que Ted había oído las palabras que acababa de pronunciar Pamela. El chico había visto a las cinco amigas y ahora las observaba con *ATENCIÓN*.

—Chicas —dijo Violet **PREOCUPADA**—, ¡creo que Ted nos ha visto!

—Aunque así fuera, no tiene ni idea de quiénes somos ni por qué estamos aquí —la **tranquilizó** Paulina—. Para él somos tan sólo cinco chicas que están hablando de una película y decidiendo si toman un helado.

—Es posible, pero... será mejor que nos vayamos —propuso Colette, **echando a andar**.

—Y ahora para superar el desengaño de este momento es... ir

a saborear una de esas SABROSÍSIMAS meriendas de Tamara —sugirió Pamela para levantar la moral del GRUPO.

Entonces las cinco amigas se dirigieron a la Pastelería Daisy, pero de pronto desde el final de la **CALLE** resonó una voz que las llamaba:

—¡Eh! ¡Esperad!

Las chicas se dieron la vuelta y se quedaron muy sorprendidas al ver que Ted corría hacia ellas, seguido de la MISTERIOSA chica del regalo.

—Perdonad, no quería asustaros —se disculpó el muchacho sin ALIENTO al llegar a su lado—. Es que necesitaba conoceros.

Las chicas del Club de Tea se miraron perplejas: ¿por qué quería Ted hablar con ellas?

—Cuando he visto que os marchabais, le he dicho a Mel que NO PODÍA PERDEROS —explicó el chico—. Por eso he echado a correr para alcanzaros.

—¿Y por qué no nos podías perder? —preguntó Colette.

—La verdad es que es una larga historia... —respondió Ted COHIBIDO.

—Querrás decir... larguísima —bromeó Melanie.

—**Porque es algo muy importante para mí** —especificó Ted molesto. Luego, mirando a Pamela, continuó—: Eres tú quien ha dicho POR MIL MOTORES MOTORIZADOS, ¿verdad?

Entonces Pamela se quedó atónita... ¡qué pregunta tan curiosa!

—Pues... sí —admitió al fin—. Si lo ha dicho alguien, seguro que he sido yo. Pero ¿por qué te interesa tanto?

—Pues... para explicarme correctamente voy a tener que contaros la historia *larguísima* que ya le he enumerado cien veces a Melanie —sonrió Ted señalando a la chica que lo acompañaba—. ¿Tenéis tiempo para escucharla?

—Necesitaréis mucho, muuuuucho tiempo —puntualizó Melanie—. Es una crónica detallada minuto a minuto de la fiesta de DISFRACES del Club de Vela.

Al oír esas palabras, Paulina exclamó:

—¡Por supuesto!

¡TENEMOS TODO EL TIEMPO QUE HAGA FALTA!

Una chica especial

Las chicas del Club de Tea no sabían cómo sería la historia que iban a escuchar, pero estaban seguras de que el mejor lugar donde hacerlo era la Pastelería Daisy. Allí podrían hablar tranquilamente y tomar unos pastelitos.

Cuando llegaron, Paulina eligió una mesa alejada y luego dijo:

—Aquí no nos molestará nadie. ¡Y vais a probar los mejores BATIDOS de la isla!

—Vamos, Ted —dijo Pamela—, te toca: ¡nos lo tienes que explicar todo!

El chico empezó a contar:

—Cuando te he oído exclamar **POR MIL MOTORES MOTORIZADOS**, he recordado de repente que ya había oído esa frase tan divertida en la fiesta de disfraces del Club de Vela. Y como no es una frase que se oiga a menudo... ¡he pensado que debía haberla pronunciado la misma persona!

—Sí, era yo —asintió Pamela con una sonrisa—. Creo que lo dije cuando vi la comida que había preparado Tamara.

—Sí —sonrió Ted—. En efecto, gracias a un delicioso BROWNIE de chocolate blanco y frambuesa conocí a una chica especial...

Al oír esa primera confidencia, las Detectives del corazón se sobresaltaron. Probablemente Ted se refería a Katie y por su forma de hablar parecía tan interesado como ella...

—Una chica especial de la que no deja de hablar desde entonces —se burló Melanie.

—No le hagáis demasiado caso a mi hermana —se sonrojó el muchacho—, siempre tiene la costumbre de exagerar.

—¿Tu hermana? —preguntó Nicky sorprendida—
¿O sea que... sois hermanos?
—Sí —contestó Melanie—. Somos **distintos**,
y a veces discutimos y solemos tomarnos el pelo,

pero ¡SOMOS DOS HERMANOS QUE SE QUIEREN MUCHO!

Las cinco amigas investigadoras sonrieron y se miraron con complicidad.

—¿Por qué os sorprende tanto?

—preguntó el muchacho curioso—. Pero ¿quién pensabais que era Melanie?

—Oh, no, nada... creíamos... creíamos que era una compañera de estudios —improvisó Violet imaginando la alegría de Katie cuando supiera la verdad.

Después de la interrupción, Ted siguió contándoles lo sucedido la noche de la fiesta de disfraces: cómo había conocido a la chica misteriosa, la conversación y las risas, y que no había DEJADO de pensar en ella desde entonces.

—No sé absolutamente nada de esa chica, ni siquiera su nombre —prosiguió Ted con expresión soñadora—. Sólo sé que iba vestida de Caperucita Roja, que tiene la sonrisa más dulce que he visto, que mientras hablaba con ella me olvidé de todo... ¡y que me gustaría volver a verla y conocerla mejor!

Al oír esas palabras, Colette suspiró: uno de los suspiros que reservaba para las historias que le hacían latir con fuerza el CORAZÓN.

—Desafortunadamente, en un momento dado de la fiesta ella se alejó y yo no pude esperarla —se LAMENTÓ Ted—. Tuve que acompañar a casa a un amigo y cuando volví ella ya no estaba... espero que no se OFENDIERA.

—No lo creo —respondió Pamela—. Seguro que pensó que no lo habías hecho adrede.
—Os aseguro que volví a la FIESTA lo antes posible —comentó el chico—, pero supongo que ella debió pensar que no me importaba y se fue.
—Y ahora al fin llegamos al motivo por el que os hemos seguido por la calle —intervino entonces su hermana Melanie—. Mi hermano ha estado buscando a alguien que pudiera ayudarlo a localizar a esa chica misteriosa, pero sin obtener ningún resultado.
—Fui al Club de Vela, hablé con algunos de los invitados a la fiesta, pero lamentablemente nadie conocía a la chica misteriosa disfrazada de CAPERUCITA ROJA —suspiró Ted—. Y ahora cuando os he visto, he pensado que erais mi ÚLTIMA OPORTUNIDAD. ¿Vosotras la conocéis?
Las Detectives del corazón se miraron contentas. Había llegado el MOMENTO tan esperado...

Ahora todo estaba claro y la investigación había concluido de la mejor manera posible.
Por fin Violet ASINTIÓ y pronunció las palabras que Ted tanto deseaba escuchar:
—¡Sí, la conocemos!

¡LA SOLUCIÓN!

TED TUVO QUE ABANDONAR LA FIESTA DE REPENTE Y CUANDO VOLVIÓ A BUSCAR A KATIE YA NO ESTABA.

Detectives del corazón

NOMBRE: Ted.

IDENTIDAD CON DISFRAZ:
Capitán Titanio.

INFORMACIÓN IMPORTANTE:
Tiene una hermana llamada Melanie.

MISIÓN DE LAS DETECTIVES DEL CORAZÓN: hacer que se reúna de nuevo con la chica que conoció en la fiesta de disfraces del Club de Vela.

¡KATIE LO CONOCIÓ COMO CAPITÁN TITANIO, PERO SU VERDADERO NOMBRE ES TED!

En busca de un final feliz

Cuando Ted expresó su deseo de ver de nuevo a la chica vestida de CAPERUCITA ROJA que había conocido en la fiesta, las Detectives del corazón intercambiaron una MIRADA cómplice. Colette, Pamela, Violet, Nicky y Paulina se compenetraban sin necesidad de hablar y con esa mirada **decidieron** al instante que no le revelarían a Ted los sentimientos de Katie, ni que les había pedido que lo buscaran. Tan sólo se limitarían a hacer que la pareja volviera a verse y se conociera mejor.

Paulina exclamó:

—¡La muchacha que estás buscando se llama Katie!

Ted sonrió contento, pero enseguida quiso saber más y preguntó:

—¿Tenéis más información? Por ejemplo, ¿cómo la puedo LOCALIZAR?

—Mi hermano es muy tímido —reveló Melanie, cuando vio que Ted se había sonrojado después de

pronunciar esas palabras—. Suelo ser yo la que habla con todo el mundo y hace amigos con facilidad. En cambio, al conocer a Katie, Ted se ha vuelto DE REPENTE muy parlanchín.

—Bueno, eso ocurre al conocer a una persona especial —dijo Colette con aire soñador—. Aunque la conozcamos poco, tenemos la impresión de conocerla desde siempre...

—Tienes razón —asintió Ted.

—Podríamos pensar el modo para que os pudierais ver de nuevo —sugirió Pamela.

—¡Muy buena idea! Como si la FIESTA del Club de Vela no hubiera acabado nunca... —murmuró Colette.

—¡Exacto! —exclamó Nicky—. Tenemos que recrear el AMBIENTE de vuestro primer encuentro, podríamos...

—¡Organizar una fiesta! —decidió Colette, dando palmas—. ¡Una fiesta siempre es una buena idea!

Y así, tras despedirse de Ted y Melanie y **quedar** con ellos al día siguiente, las Detectives del corazón fueron a pedirle ayuda a Tamara.

—Queridas detectives, será un placer que celebréis vuestra fiesta aquí —sonrió la pastelera.

—¿Podrías preparar tu **BROWNIE** de chocolate blanco y frambuesa, por favor? —le pidió Violet esperanzada—. Es el pastel favorito de Ted y Katie. ¡No puede faltar en la fiesta!

—¡Por supuesto! —**ASEGURÓ** Tamara—. Y acabáis de darme una idea fantástica para que el *brownie* sea aún más especial.

Después de hablar con Tamara, las **detectives** solamente tenían que hacer una cosa más antes de volver a su agencia, situada en el último piso del **EDIFICIO** azul. Debían ir a la tienda «Mil y una fiestas».

—Hola, soy Lilly, ¿en qué os puedo ayudar? ¿Queréis organizar una fiesta de cumpleaños? ¿Una boda? ¿Un baile de **DISFRACES**? Aquí tenemos todo lo que necesitáis —repitió la propietaria, creyendo que eran unas **clientas** nuevas. Luego, cuando observó mejor a las chicas, rectificó—: Yo os conozco... ¿a que sí? ¡Habéis estado aquí esta mañana!

—**Así es** —contestó Paulina muy contenta—. Pero ahora lo que precisamos es que nos ayude de nuevo.

—Pero esta vez es para organizar una fiesta —intervino Violet entusiasmadísima con la idea—. ¡Una fiesta **sorpresa**!

—Tenemos poco tiempo, porque se celebrará mañana —añadió Colette—. Y tenemos que crear un ambiente **MÁGICO** y... ¡superromántico!

—Entonces habéis venido al lugar adecuado —rio Lilly satisfecha—. Os prometo que será una fiesta inolvidable y...

¡MÁGICAMENTE ROMÁNTICA!

Un nuevo final... ¡y un nuevo comienzo!

Al día siguiente, las Detectives del corazón quedaron en la agencia para finalizar los últimos detalles de la fiesta sorpresa en la Pastelería Daisy.

—Finalmente Katie y Ted se volverán a ver —dijo Colette con los ojos brillantes—. ¡Seguro que será emocionante!

—Y Ted ha tenido una idea genial para que el encuentro sea aún más especial —añadió Violet.

—En primer lugar, lo que debemos hacer es llamar a Katie y **tranquilizarla** —intervino Paulina—. Ella todavía no sabe que la chica a la que el Capitán Titanio le dio el regalo es su hermana Melanie.

Y entonces, poco antes de que empezara la fiesta, las chicas le dijeron a Katie que FUERA a la agencia para hacer un balance de la investigación.

—Me alegro de que me hayáis llamado —dijo Katie, sentándose en el sofá—. Lamento mucho que ayer me fuera corriendo, pero cuando vi a Ted abrazando a esa chica...

—No te preocupes —la tranquilizó Colette—. Tu REACCIÓN es comprensible.

—Katie, precisamente te hemos llamado para hablar de lo que ocurrió ayer —EXPLICÓ Pamela.

—Hemos averiguado que la chica del regalo se llama Melanie y es... ¡la hermana de Ted!

Katie se echó a reír avergonzada:

—Dices, ¿su hermana? ¡Ahora sí que me siento realmente como una tonta!

—No te preocupes, no ha sucedido nada IRREPARABLE. Propongo que vayamos a merendar a la Pastelería Daisy y que nos concentremos en el siguiente paso —dijo Paulina levantándose y saliendo de la agencia junto con sus amigas y Katie.

La chica asintió y las siguió SONRIENDO, sin imaginar la sorpresa que la aguardaba en la planta baja del edificio.

Cuando el grupo entró en la pastelería, Katie se quedó sin aliento: todo el local estaba adornado con guirnaldas, lazos y GLOBOS de diversos colores, ¡igual que la fiesta de disfraces del Club de Vela!

También había las mismas luces, la misma música, la misma comida de Tamara y...

—TÚ... TÚ ERES...

—exclamó Katie sorprendida, al encontrarse enfrente a Ted disfrazado de *Capitán Titanio*.

¡¿Eres tú?!

¡HOLA, KATIE!

—Sí, soy yo —sonrió el muchacho, quitándose la MÁSCARA—. Me llamo Ted y no puedes llegar a imaginar lo contento que estoy de conocerte... ¡de nuevo!

—Yo soy Katie —se sonrojó la chica, tendiéndole la mano—. Y también me alegro mucho de volver a verte.

—¿Te apetece un *brownie* de chocolate blanco y frambuesa? —preguntó Ted acercándole un trozo del pastel que Tamara había preparado especialmente para la fiesta sorpresa... ¡en forma de CORAZÓN!

Y así, mientras Katie y Ted retomaban su conversación donde la habían dejado unos días antes en la fiesta del Club de Vela, las chicas del Club de Tea se apartaron para observar la romántica «fiesta para dos».

—Creo que podemos dar el caso por cerrado, chicas —comentó Pamela.

TOP SECRET
CASO RESUELTO

Detectives del corazón

CLIENTE: Katie

EL CASO DEL SUPERHÉROE MISTERIOSO

Otro caso resuelto...
¡BIEEEN!

¡LAS DETECTIVES DEL CORAZÓN SIEMPRE ESTÁN DISPUESTAS A AYUDAR A SUS AMIGOS!

Entonces Paulina **buscó** con la mirada a Katie y Ted, que continuaban hablando y mirándose a los **OJOS**, y añadió feliz:

—¡Creo que el fin de nuestra investigación marca el comienzo de una...

¡BONITA AMISTAD!

Detectives del corazón

LOS SECRETOS de las Detectives del corazón

¡DOS AMIGOS POR DESCUBRIR!

Katie y Ted nos parecieron amables y simpáticos. Así que decidimos pasar algún tiempo juntos para saber más de ellos y la amistad especial que los une.

NOMBRE: Ted.

RASGOS PECULIARES: timidísimo.

LIBROS FAVORITOS: las historias de aventuras y los cómics de superhéroes.

AFICIONES: tocar la guitarra.

MI DÍA EMPIEZA... con mi canción preferida.

Y TERMINA... en el cine, viendo una película con la persona a quien quiero.

DE MAYOR SERÉ... diseñador.

UN BUEN RECUERDO: cuando fui al concierto de Rat Direction.

NUNCA ME SEPARO... de la persona que lleva una pulsera con mi frase preferida grabada.

NOMBRE: Katie.

RASGOS PECULIARES: soñadora.

LIBROS FAVORITOS: las historias llenas de ideas fantasiosas.

AFICIONES: leer y cocinar, sobre todo pasteles.

MI DÍA EMPIEZA... con un buen zumo de naranja y galletas caseras.

Y TERMINA... en el cine, viendo una película con la persona a quien quiero.

DE MAYOR SERÉ... profesora.

UN BUEN RECUERDO: cuando fui con mis amigas al concierto de Rat Direction (y no sabía que entre el público también estaban Ted y Melanie).

NUNCA ME SEPARO... de la primera fotografía que Ted y yo nos hicimos juntos.

¡EL BLOC DE NOTAS DE LA DETECTIVE PERFECTA!

Con un bloc así, nunca perderás tus anotaciones.

LO QUE NECESITAS:
• una cartulina formato A4 de color (el tamaño de las hojas que usas en la impresora de tu casa) • 10 hojas blancas formato A4 • tijeras • una goma para el pelo.

¡PÍDELE SIEMPRE AYUDA A UN ADULTO!

1 Dobla por la mitad la cartulina por el lado más largo y córtala con cuidado por la línea doblada.

2 Coge una de las mitades y dóblala de nuevo por la mitad, esta vez por el lado corto. Serán las tapas del bloc.

3 Ahora haz lo mismo con las hojas blancas: córtalas por la mitad por el lado más largo y luego dobla las mitades por el lado corto.

4 Coloca las hojas blancas dentro de la tapa de cartulina de color. Mete una goma para el pelo en el pliegue central. ¡La goma sujetará las hojas mientras escribes!

5 Ahora sólo tienes que decorar la tapa del bloc como quieras. Puedes dibujar un corazón y una frase típica de «detectives», o elegir otro tipo de dibujo... así nadie sospechará que el bloc contiene apuntes sobre tu investigación supersecreta...

¡UN ÚLTIMO CONSEJO! Confecciona otro bloc de notas y regálaselo a una amiga. Si sois dos, ¡investigar será aún más divertido!

¿QUÉ TIPO DE DETECTIVE ERES?

No existe un solo tipo de investigadora. ¿Tú sigues tu instinto, confías en tu capacidad de observación o prefieres improvisar? Descubre lo que hace única tu manera de investigar.

1 CUANDO LE PIDES INFORMACIÓN SOBRE EL CASO A ALGUIEN...

A. Con pocas preguntas ya tienes lo que buscabas.
B. Dejas que hable casi todo el rato tu interlocutor.
C. Anotas todo lo que dice, por miedo a olvidar algo.

2 SI TIENES QUE HABLAR CON ALGUIEN Y VES QUE ENTRA EN UN PORTAL DESCONOCIDO....

A. Lo sigues para descubrir adónde va.
B. No tienes prisa. Esperas a que salga, y mientras tanto inspeccionas los alrededores.
C. Hablas con el portero o con un tendero de los alrededores, por si descubres algo.

3 LO QUE MÁS TE GUSTA DE LAS NOVELAS DE MISTERIO ES...

A. Las escenas de acción.
B. Los misterios bien construidos.
C. Las pequeñas características que hacen especiales a los personajes.

4

TU MEJOR CUALIDAD ES...

A. **La rapidez de reflejos.**
B. **La capacidad de pensar con calma.**
C. **La sociabilidad.**

Mayoría de respuestas...

A

INSTINTIVA

Sabes que tienes un instinto formidable y confías ciegamente en él. Eres activa y dinámica, no te asustan las persecuciones a toda velocidad, si sigues una buena pista. Eres una detective muy rápida, que va directamente al problema y a la solución del caso.

B

OBSERVADORA

Tu as en la manga es el espíritu de observación. Crees que todos los lugares cuentan una historia, por eso estudias los detalles de todo lo que te rodea. Sabes que las pistas más importantes suelen encontrarse en las pequeñas cosas. Eres una detective precisa, que prefiere resolver el caso gracias a la reflexión.

C

CREATIVA

Eres sociable y también muy creativa. No te gusta planificar tus investigaciones, prefieres decidir cada paso un segundo antes de darlo. Eres imprevisible y tienes muy buen olfato. Tu energía es arrolladora y eso hace que tus investigaciones sean únicas.

EL TABLÓN DE LOS MISTERIOS

Fotos, notas, retratos robot... durante una investigación se acumulan muchas pistas. La mejor manera de no olvidar ninguna de ellas es colgarlas ordenadamente en un tablón como éste.

LO QUE NECESITAS:

- un cartón o un panel de conglomerado de forma cuadrada
- tapones de corcho cilíndricos
- pintura roja y pincel
- cola
- un gancho autoadhesivo para cuadros.

¡PÍDELE SIEMPRE AYUDA A UN ADULTO!

1. Pídele a un adulto que corte los tapones de corcho hasta que todos midan aproximadamente un centímetro de largo.
2. Pega los tapones de corcho uno junto al otro en el cartón, hasta que lo cubran por completo.
3. Pinta de rojo algunos tapones hasta formar un corazón en el centro del tablón. Deja que se seque y luego coloca en la parte de atrás un gancho autoadhesivo para colgarlo en la pared.

IMANES CASEROS

También puedes hacer unos imanes MUY ALEGRES para anotar todas las pistas en tu pizarra magnética... o en la puerta de la nevera.

LO QUE NECESITAS:
- pasta de modelar blanca • un rodillo • pinturas y pinceles
- cinta magnética autoadhesiva • moldes para galletas.

1. Usa el rodillo para extender una capa fina de pasta de modelar. De ahí sacarás las siluetas de tus imanes (puedes usar moldes para galletas, el tapón de una botella o un vaso).

2. Deja secar las figuras de pasta, luego píntalas a tu gusto.

3. Cuando la pintura esté seca, aplica en la parte de atrás de cada una un trozo de cinta magnética autoadhesiva y... ¡los imanes están listos!

¡MIL Y UNA FIESTA,
MIL Y UNA PISTA!
10
7
Solución

PON A PRUEBA TU CAPACIDAD DE OBSERVACIÓN

En la tienda «Mil y una fiestas» se ocultan varios objetos: una regadera, una sartén, unas botas, una raqueta de tenis y unas gafas de sol. ¿Eres capaz de encontrarlos?

Un encuentro muy dulce

Nuestra misión era averiguar la receta del *brownie* de chocolate blanco y frambuesa, que hizo que Katie y Ted se conocieran.
Y en este caso también podemos decir... ¡MISTERIO RESUELTO!

INGREDIENTES:
- 150 g de chocolate blanco • 150 gotas de chocolate blanco
- 200 g de mantequilla • 4 huevos • 200 g de azúcar
- 200 g de harina • 200 g de frambuesas • una pizca de sal
- azúcar glas.

¡PÍDELE SIEMPRE AYUDA A UN ADULTO!

Derrite el chocolate blanco al baño maría.
En un cuenco, monta la mantequilla reblandecida y el azúcar con la batidora. Añade poco a poco los huevos y sigue batiendo. Luego echa la harina, la sal y el chocolate fundido templado. Incorpora las gotas de chocolate y las frambuesas. Viértelo todo en una bandeja rectangular forrada con papel de horno. Hornea 20 minutos a 170 °C. Deja enfriar y córtalo en trozos cuadrados. Sirve las raciones de *brownie* espolvoreadas con azúcar glas.

Una última idea

Para una fiesta o una ocasión especial, ¡corta el brownie en forma de corazón con un molde para galletas!

¡Un portadocumentos muy especial!

Cartas, tarjetas, notas, fotos... en nuestra mesa se acumulan un montón de documentos. Por eso hemos ideado una solución muy práctica para tenerlo todo ordenado.
Tú también puedes hacer este portadocumentos tan original. Sólo necesitas un libro viejo que ya nadie lea, con la cubierta de cartón y... un poco de paciencia.

Abre el libro por el centro y dobla por la mitad la página de la izquierda.

Dobla todas las páginas, desde la central hasta la primera, retrocediendo. Luego, partiendo del centro del libro, dobla por la mitad todas las páginas que faltan hasta la última.

Un último consejo

¡Si la cubierta del libro está muy estropeada, ¡renuévala cubriéndola con una hoja de papel de regalo de colores!

¡SI TE OBSERVO, TE CONOZCO!

Todos hacemos continuamente gestos que pueden revelar lo que pensamos o sentimos a alguien que nos observe. ¡Una buena investigadora sabe identificar y descifrar estos mensajes silenciosos, que pueden ser muy útiles para descubrir detalles importantes!

MIRAR HACIA ARRIBA: SI LA PERSONA CON QUIEN HABLAMOS MIRA HACIA ARRIBA, PUEDE SIGNIFICAR QUE ESTÁ ENFADADA O IMPACIENTE Y QUE PREFERIRÍA ESTAR EN OTRO SITIO.

MIRAR A LA IZQUIERDA: SI LA PERSONA CON QUIEN HABLAMOS MIRA A LA IZQUIERDA, PUEDE SIGNIFICAR QUE ESTÁ INVENTANDO LA RESPUESTA QUE NOS DA. ES POSIBLE QUE NOS ESTÉ CONTANDO UNA MENTIRA.

INCLINAR LA CABEZA A UN LADO: SI LA PERSONA CON QUIEN HABLAMOS NOS ESCUCHA INCLINANDO LA CABEZA A UN LADO, PUEDE SIGNIFICAR QUE ESTÁ MUY INTERESADA EN LO QUE DECIMOS.

CRUZAR LOS BRAZOS: SI LA PERSONA CON QUIEN HABLAMOS CRUZA LOS BRAZOS DELANTE DEL PECHO, PUEDE SIGNIFICAR QUE NO CONFÍA DEL TODO EN NOSOTROS Y QUE QUIERE MANTENER CIERTA DISTANCIA.

Ahora ponte a prueba: observa a las chicas del Club de Tea y los pensamientos relacionados con ellas. ¿Crees que sus actitudes reflejan lo que piensan? ¿O cambiarías algo?

¡CUIDADO!

Recuerda que no puedes estar completamente segura de que los gestos de los demás signifiquen lo que tú crees. No saques conclusiones precipitadas y confirma siempre tus impresiones hablando sinceramente con la persona que tienes delante.

¡UNA PULSERA QUE HABLA DE TI!

LO QUE NECESITAS:

• un tubo de cartón (como un rollo de papel higiénico o de cocina) • tijeras • una perforadora de papel • cinta adhesiva de color • un rotulador indeleble • cinta de color.

¡PÍDELE SIEMPRE AYUDA A UN ADULTO!

1 Haz un corte vertical en el tubo de cartón, para que tu pulsera sea regulable.

2 Corta una anilla de cartón de 2-3 centímetros de alto.

3 Forra la pulsera con la cinta adhesiva.

4 Escribe con el rotulador indeleble una frase de tu canción favorita o un verso de un poema. También puedes escribir tu nombre o el de la persona a quien pienses regalarle la pulsera.

5 Haz un agujero en cada extremo de la pulsera.

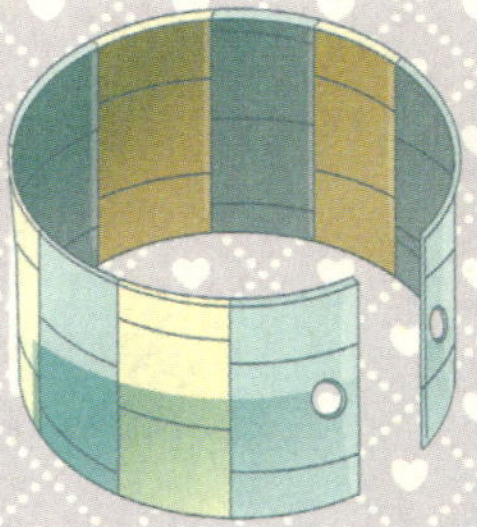

6 Pasa la cinta de color por los agujeros y úsala para cerrar la pulsera alrededor de la muñeca con un lazo.

Un último consejo

También puedes decorar tu pulsera con otras técnicas...

- Cúbrela de hilos de lana de colores...
- Crea un *collage* de telas, botones, cuentas de cristal...
- Pinta el lado exterior con pintura de colores...

¡CARTAS DEL CORAZÓN!

Cada vez nos llegan más cartas. En algunos casos son pequeños misterios para que los investiguemos. En otros... son cuestiones del corazón, y lo que necesitan es el consejo de unas amigas.

QUERIDAS DETECTIVES DEL CORAZÓN,
NECESITO QUE ME AYUDÉIS. HA LLEGADO A MI CLASE UN NUEVO COMPAÑERO, MIKE, Y ME GUSTARÍA SER AMIGA DE ÉL, PERO CUANDO SE ACERCA A HABLAR CONMIGO ME PONGO MUY NERVIOSA, ME QUEDO SIN HABLA Y ME VOY SIN DECIR NADA.
¿QUÉ PUEDO HACER?

CINDY

¡BESOS BESOS BESOS!

Detectives del corazón

Querida Cindy,

Mientras pensábamos en tu pregunta, Pamela ha comentado: «Cuando hablo con un chico, el corazón siempre me late con fuerza... no es tan fácil como hablar con mis amigas». Y ahora ya tenemos la respuesta: cuando Mike se acerque a ti, intenta imaginar que ya has hablado un montón de veces con él y que lo conoces bien. Seguro que así todo te resultará más fácil.

Un abrazo,

Detectives del corazón

Queridas Detectives del corazón,
Cuando vemos la televisión mi hermana pequeña Betty y yo siempre nos peleamos por el mando a distancia, y ayer sin querer la hice llorar. ¿Podéis aconsejarme un regalo para hacer las paces con ella?

Muchas gracias,
Fran

Querida Fran,
Yo también tengo una hermana pequeña y sé que entre hermanas, aunque nos queramos mucho, a veces nos peleamos. Pero también sé que después de una pelea siempre hacemos las paces. Te doy una idea para pedirle perdón a tu hermana: transforma el salón de tu casa en un cine sólo para vosotras.
Apaga las luces, prepara unas palomitas y dile a Betty que elija su película favorita para verla juntas... ¡será un recuerdo que conservaréis para siempre!

Paulina

ÍNDICE

TOP SECRET

Esperando un nuevo misterio 7

Conocerse gracias a un pastel 14

El perfil de un superhéroe 22

Paso a paso 28

¿Cuántos superhéroes? 37

Iguales pero distintos 44

¡En busca del Capitán Titanio! 52

Identidad descubierta 60

Detectives del corazón

¡A un paso de... Ted! 69

Un encuentro imprevisto 77

Una larga historia 87

Una chica especial 95

En busca de un final feliz 104

Un nuevo final... ¡y un nuevo comienzo! 110

Los secretos de las Detectives del corazón 119

Vida en Ratford

¡Leer es una aventura emocionante!
¡Marca los libros de tu colección!

- 1 Escenas de amor en Ratford
- 2 El diario secreto de Colette
- 3 El Club de Tea en peligro
- 4 Reto a paso de danza
- 5 El proyecto supersecreto
- 6 Cinco amigas y un musical
- 7 Camino a la fama
- 8 ¿Quién se esconde en Ratford?
- 9 Una misteriosa carta de amor
- 10 El sueño sobre hielo de Colette
- 11 Un, dos, tres... ¡se rueda en Ratford!
- 12 Top model por un día
- 13 Misión mar limpio
- 14 El club de las poetisas
- 15 La receta de la amistad
- 16 El gran baile con el príncipe
- 17 El fantasma del Castillo del Halcón
- 18 Todas podemos ser campeonas
- 19 Más que amigas... ¡hermanas!
- 20 Una boda de ensueño
- 21 Salvemos a los animales
- 22 El concierto del corazón
- 23 Mil fotos para una top model
- 24 El tesoro de los delfines azules
- 25 La lección de belleza
- 26 Una noche mágica en la nieve
- 27 Este caballo es un tesoro
- 28 Cinco jugadoras de fútbol

TU COLECCIÓN TS

1 El código del dragón
2 La montaña parlante
3 La ciudad secreta
4 Misterio en París
5 El barco fantasma
6 Aventura en Nueva York
7 El tesoro de hielo
8 Náufragos de las estrellas
9 El secreto del castillo escocés
10 El misterio de la muñeca desaparecida
11 En busca del escarabajo azul
12 La esmeralda del príncipe indio
13 Misterio en el Orient Express
14 Misterio entre bambalinas
15 La leyenda de las flores de fuego
16 Misión flamenco
17 Cinco amigas y un león
18 Tras la pista del tulipán negro
19 Una cascada de chocolate
20 Los secretos del Olimpo
21 Amor en la Corte de los Zares
22 Una aventura en el Caribe
23 Misterio en Hollywood
24 Acampada en Madagascar
25 Carnaval en Venecia
26 Persecución en el hielo
27 El tesoro perdido
28 Dos corazones en Londres
29 Misión Niágara

1
2
3
4
5
6
7
8
9
10
11
12
13
14
15
16
17
18
19
20
21
22
ISLA de las BALLENAS

La ISLA de las BALLENAS

1. Observatorio Astronómico
2. Islote de las Gaviotas
3. Playa de los Burritos
4. Clínica veterinaria «Cachorros felices»
5. Posada de Marian
6. Monte Despeñadero
7. Pico del Halcón
8. Playa de las Tortugas
9. Río Lapa
10. Bosque de los Halcones
11. Universidad de Ratford
12. Gruta del Viento
13. Círculo de Vela
14. Academia de Moda
15. Arrecifes del Cormorán
16. Bosque de los Ruiseñores
17. Biblioteca Municipal
18. Puerto
19. Villa Marea: Laboratorio de Biología Marina
20. Instalaciones fotovoltaicas para la energía solar
21. Bahía de las Mariposas
22. Arrecife del Faro

¡Adiós, hasta la próxima aventura!

Descúbrelo todo sobre el mundo del Club de Tea en www.clubgeronimostilton.es

TROUBLE

¡Tenemos un nuevo caso!
¡Caso resuelto!